Knaur
MensSana

Von Jana Haas sind bei Knaur außerdem erschienen:
Heilung mit der Kraft der Engel
Erzengel und das neue Zeitalter
Schutzengelkalender

Über die Autorin:
Jana Haas wurde in Kasachstan / Russland geboren. Von Kindheit an hat sie die Gabe der Hellsichtigkeit. Sie besitzt die Fähigkeit, die Dimensionen und Welten, die jenseits der Materie bestehen und für die meisten Menschen nicht sichtbar sind, genauso deutlich zu sehen wie die materielle Welt.

Jana Haas

Mit den Engeln durch das Jahr

365 himmlische Botschaften

Knaur
MensSana

Besuchen Sie uns im Internet: www.droemer-knaur.de
Alle Titel aus dem Bereich MensSana finden Sie im Internet unter
www.knaur-mens-sana.de

Originalausgabe November 2009
Copyright © 2009 Knaur Taschenbuch.
Ein Unternehmen der Droemerschen Verlagsanstalt
Th. Knaur Nachf. GmbH & Co. KG, München
Redaktionelle Mitarbeit: Wulfing von Rohr
Umschlaggestaltung: ZERO Werbeagentur, München
Umschlagabbildung: FinePic®, München
Satz: Adobe InDesign im Verlag
Druck und Bindung: CPI – Clausen & Bosse, Leck
Printed in Germany
ISBN 978-3-426-87435-6

2   4   5   3   1

Inhalt

1
Ein Strom des lebendigen Wassers

Einstimmung in den Geist des Buches

Und er zeigte mir einen Strom des lebendigen Wassers,
*   klar wie Kristall,*
der ausgeht von dem Thron Gottes und des Lammes.
Auf beiden Seiten des Stromes mitten auf der Gasse ein
*   Baum des Lebens,*
der trägt zwölfmal Früchte und bringt seine Früchte alle
*   Monate,*
und die Blätter des Baumes dienen zur Heilung der
*   Völker.*

Off 22,1–2

Unser ganzes Leben ist wie ein Baum – mit einem Stamm, zahlreichen Ästen und vielen Blättern. Leben, Jahre, Monate, Tage … Der Spruch aus der Bibel bringt uralte Weisheit und Einsicht in das Wesen des Menschen auf symbolische Weise zum Ausdruck. Betrachten wir diesen Spruch näher:

Der Baum des Lebens: Das ist unser Erdenleben, das vom Samen zum Baum gekeimt und gewachsen ist. Für die meisten Menschen ist es inzwischen ein stattlicher Baum. Es gilt, ihn zu wässern und zu hegen.

Zwölf Früchte: Das sind die zwölf Monate. Jeder von ihnen bringt seine besondere Frucht hervor. Diese Früchte sollen wir pflegen. Sie reifen heran in Sonne und Wind, wir dürfen sie zur rechten Zeit ernten.

Die Blätter des Baums: Das sind die Tage der Monate, die alle durch ein bewusstes Leben Tage der Heilung sein sollen: um uns selbst zu heilen, unsere Mitmenschen und unsere Umwelt.

Das lebendige Wasser, klar wie Kristall: Das ist die Luft, die wir atmen, um zu leben, und die Nahrung für Körper und Seele. Das sind die Mitmenschen, die Natur. Das ist vor allem aber der Geist Gottes, der alles erschafft und belebt, und die klare Liebe, die wir ausstrahlen und empfangen.

Dieses Engelbuch möchte Ihnen ein Begleiter durchs Jahr sein. Es lässt für jeden Monat eine Grundstimmung und eine Anregung zur Bewusstseinsentwicklung anklingen. Es gibt Ihnen jeden Tag einen lichtvollen und zugleich im Alltag umsetzbaren Impuls. Es will Ratgeber und Helfer sein und Zuspruch sowie Trost vermitteln, wenn diese nötig sind. Das Buch soll Sie auch immer wieder daran erinnern, wer wir alle sind: lichtvolle Wesen, getragen von der Liebe einer lebendigen göttlichen Kraft und mit dem Auftrag und der

Gabe, mehr Licht in unser eigenes Leben und in das der Familie, des persönlichen Umfelds und der Welt zu bringen.

Sie werden spüren, dass die Worte und Bilder, die Impulse und Hinweise von einer lichten Engelkraft getragen und durchwoben sind, die nach und nach immer intensiver und hilfreicher Ihr eigenes lichtes Bewusstsein aktivieren wird. Es wird sich ein schöner persönlicher Bezug zu diesem Engelbegleiter über die Tage, Monate und das Jahr hinweg entwickeln, der Sie regelmäßig an das Licht der geistigen Welt und an die klare göttliche Liebe erinnert, die unser Leben trägt und vollendet.

2
Das Leben und die Zukunft bewusst gestalten

Die Botschaften der »Kristallengel« für die neue Zeit

Die Botschaften für jeden Tag des Jahres habe ich von den Kristallengeln empfangen. Kristallengel sind *die* Engel der neuen Zeit. Sie zeigen sich in einer großen Gestalt, größer als ein Mensch, kristallklar strahlend, jedoch mit bläulichem Antlitz. Ihre Aufgabe ist es, die Menschen mit jener Bewusstseinsenergie zu versorgen, die ihnen hilft, sich auf die kommende neue Zeit einzustellen. Sie stärken eine zukunftsorientierte persönliche Entwicklung und damit auch die Fähigkeit, vorwärtszugehen.

Während die Schutzengelbotschaften im *Schutzengelkalender* den persönlichen Alltag begleiten, haben die Kristallengel hier Tagesbotschaften übermittelt, die für ein ganzes Jahrzehnt als Wegweiser für die Bewusstseinsentwicklung in der neuen Zeit – in der wir uns ja befinden – dienen und gültig sind.

Die Botschaften der Kristallengel dienen besonders als seelische Vorbereitung und geistige Öffnung für die Jahre der Transformation, die vor uns liegen bzw. 2008/2009 bereits begonnen haben. Manche Menschen meinen, nur das Jahr 2012 würde eine große Veränderung bewirken. Mir wurde gesagt, dass es sich um ein ganzes Jahrzehnt der Transformation von Menschen als Individuen und von Gesellschaften als Ganzes handelt. Diese Dekade reicht von etwa 2009 bis etwa 2019. Da es bereits viele Menschen gibt, die ein neues Bewusstsein anstreben und manifestieren, wird es weniger abrupte als vielmehr graduelle Veränderungen geben.

Die Kristallengel möchten die entscheidende Übergangs- und Wendezeit, in der wir uns befinden, mit ihrer lichten Weisheit begleiten. Sie führen die gesamte Menschheit in eine neue Zukunft, die der Bewusstseinsentwicklung des ganzen Universums entspricht. Es gibt unzählige Kristallengel, eben weil sie die geistige Führung des gesamten Universums innehaben.

Übrigens sehe ich die Kristallengel buchstäblich in den Himmelssphären über mir. Sie zeigen sich mit Haltungen, Bewegungen und in Bildern, die ausdrücken, was sie für den jeweiligen Tag als besonders wesentlich erachten. Wenn ich etwas empfangen habe, überprüfe ich es dann noch. Meine persönlichen Meinungen oder Ansichten spielen dabei selbstverständlich keinerlei Rolle.

Zu meinen Lebensaufgaben gehört es (wie ich erkennen und akzeptieren lernen musste), Menschen in ihrer Entwicklung in der neuen Zeit so zu begleiten, dass Persönlichkeit, Alltagsanforderungen und das spirituelle Potenzial bestmöglich miteinander verknüpft werden. Das ist der Grund, warum sich die Kristallengel mir mitteilen.

Aufbau des Buches

Mit den Engeln durch das Jahr ist in Monatsabschnitte und Tagesseiten untergliedert.

Am Anfang eines Monats finden Sie Hinweise zur jeweiligen Monatskraft. Es schließt sich eine Monatsübung an. Sie kann Ihnen dazu dienen, auf eine einfache Art und Weise vertieft an einem Thema zu arbeiten, es zu erspüren und, wenn notwendig, auch aufzulösen. So können Sie gezielt mehr Klarheit im Leben gewinnen und deutliche Fortschritte machen. Die Übungen helfen bei der Klärung von Geist und Gedanken, sie dienen zum »Auftanken« von neuer Kraft und für Ihr spirituelles Wachstum. Sie werden sich als eine wirkungsvolle innere Vorbereitung für Ihre persönliche Zukunft und für die neue Zeit in der Gesellschaft allgemein erweisen. Außerdem fördern sie auch Ihr energetisches Wachstum und stärken sowohl Ihre Chakren als auch Ihre Gesundheit ganz allgemein.

Sie können die jeweilige Übung einmal im Monat durchführen, am besten am Monatsersten. Wenn Sie das Bedürfnis haben, wiederholen Sie die Übung, vielleicht einmal pro Woche. Sie sollten die Übungen bitte im Sitzen durchführen, mit geschlossenen Augen, und dabei ganz ruhig in den Bauch atmen. Insgesamt stellen die zwölf Übungen ein »Jahresprogramm« zur Bewusstwerdung und zur aktiven Lebensgestaltung dar.

Für jeden Tag des Jahres lesen Sie eine spezielle Botschaft der Kristallengel, die auf unsere übergeordneten Lebens- und Seelenaufgaben hinweist.

Wie Sie die Botschaften der Kristallengel nutzen können

An jedem Tag geben die Kristallengel durch die jeweilige Botschaft einen speziellen Impuls, um Ihre Bewusstwerdung, Entwicklung und Eigenverantwortung zu fördern. Die Tagesbotschaft dient einerseits als Hilfe zum Umgang mit sich selbst, also zur Selbsterkenntnis, andererseits aber auch zur Orientierung bei Entscheidungen. Mir persönlich hilft die Tagesbotschaft der Kristallengel auch, mir die Seelenaufgaben jeden Tag wieder, wenigstens kurz einmal, ins Bewusstsein zu rufen.

Sie können täglich die Botschaft für den entsprechenden Tag lesen und sie sich zu Herzen nehmen. So werden diese Tagessprüche zu einer Inspiration und Hilfe für Ihren Alltag.
Oder Sie schlagen, wenn Sie eine Inspiration brauchen, Fragen haben oder Sorgen auflösen möchten, spontan eine Seite im Buch auf und lesen die entsprechende Botschaft.
Vielleicht lesen Sie die Engelbotschaft morgens, um den Tag davon beleben zu lassen, und am Abend erneut, um zu überlegen, was davon Sie während des Tages empfunden, erlebt oder verwirklicht haben, oder was sie im Rückblick für Sie bedeutet.

Die Botschaft, die Sie an Ihrem eigenen Geburtstag finden, weist auf Ihre persönliche Lebensaufgabe hin. Mir selbst haben die Geburtstagsbotschaften von Angehörigen zum Beispiel auch geholfen, meine Familienmitglieder in ihrer Einzigartigkeit besser zu verstehen.

Da alle Menschen ganz verschieden sind, anders wahrnehmen und sich in unterschiedlichen Entwicklungsphasen befinden, werden die Interpretation und die Umsetzung einer Tagesbotschaft von Mensch zu Mensch sehr individuell stimmig sein.

3
Engelbotschaften für jeden Tag und zwölf Monatsübungen

Mit den obersten Kräften rührt die Seele an Gott; davon
  wird sie nach Gott gebildet. …
Die Seele vergleicht sich auch den guten Engeln, die da
  beständig in Gott wirken. …
(Sie ist) ein überschwebendes Licht und ein Bild
  göttlicher Natur, von Gott geschaffen. Dies Licht trägt
  die Seele in sich selbst.

Meister Eckehart,
Vom Wunder der Seele

Januar

Entwicklungsthemen sind
Erkenntnis, Arbeit, Lösung

Erblicke in den Augen der Menschen den Ausdruck der Sehnsucht ihrer Seele. Du kannst in diesem Leben lernen, was der Seele und ihrem Fortschritt auf dem Weg zurück zur Quelle wirklich nutzt und was nicht.

Erkenntnis: Erkenne das Gesetz von Ursache und Wirkung, das in himmlischen Gefilden und auf Erden wirkt, und handle entsprechend.

Arbeit: Du bemühst dich um ein stabiles Fundament in deinem Leben. Die feste, sichere Burg ist bekanntlich Gott. Arbeiten, um zu leben und zu dienen. »Ora et labora«, bete und arbeite, ist der Wahlspruch eines Kirchenordens. Und »Arbeit ist sichtbar gemachte Liebe« heißt eine weitere Einsicht. Arbeite, aber gib auch der Freude genug Raum!

Lösung: Entdecke, was dich frei macht, um den Segen der Liebe in deinem Leben zu erfahren, und öffne das Herz dafür.

Engelübung: Neue kosmische Kräfte

Die Januarübung dient dazu, neue kosmische Kräfte, die du das ganze Jahr hindurch brauchst, in dich aufzunehmen.

1. Setze dich bequem hin und atme dreimal tief durch.
2. Stell dir vor, wie die Energie von hellen, blauen Lichtsternen auf dich hinunterfließt.
3. Dieser Fluss verstärkt sich, und du sitzt in einem hellblauen Lichtkanal.
4. Atme diese Kraft immer weiter ein und aus und stärke deine innere Kraft.
5. Stell dir vor, wie sich deine Aura vergrößert, erhellt und kugelrund wird.
6. Atme Sicherheit in dich hinein. Du bekommst alle Kraft, die du am Jahresbeginn brauchst.
7. Deine Chakren stabilisieren sich. Stell dir an deinen Chakren, von unten nach oben, jeweils Licht von einem weichen, hellen Stern vor und atme dieses Licht in deinen Bauch hinein.
8. Spüre das Gefühl von tiefer Liebe in deiner Brust und wie es sich durch die Atmung in deinem gesamten Körper ausbreitet.
9. Lächle mit deinem Herzen und beginne nun dein Jahr ganz bewusst mit diesem Lächeln.
10. Komm wieder zu dir.

1. Januar

Die Vielfalt und Schönheit der äußeren Welt ist nichts im Vergleich zum Licht im Inneren; finde es!

2. Januar

Jede Methode kann ein Mittel zum Zweck sein, Wahrheit zu erkennen; das Ziel bleibt die Liebe.

3. Januar

Wenn du lernst, völlig in dir zu ruhen und im Seelenbewusstsein verankert zu sein, wirst du immerwährende Glückseligkeit finden.

4. Januar

Das Innerste jedes Menschen ist unsterblich und überdauert die Zeiten; finde dein Wesen!

5. Januar

Auch wenn du sonst nichts tun kannst, um Leiden zu lindern – eine gütige Zuwendung des Herzens, freundschaftliche Worte und liebevolles Mitfühlen helfen immer allen Menschen.

6. Januar

Die Zeit des Lebens und Lernens verrinnt schnell; Ordnung hilft dir, die Zeit sinnvoll zu nutzen.

7. Januar

Habe den Mut, etwas Ungewöhnliches zu tun, etwas, das deinen tiefsten Bedürfnissen entspricht und dir guttut!

8. Januar

Wer auch immer dir hilft, das Meer des Lebens unbeschadet zu durchqueren, ist dein wahrer Freund, dein echter Seelenpartner.

9. Januar

Du bist fähig, Aufgaben zu übernehmen und Herausforderungen zu bewältigen, die über die menschliche Vorstellung hinausgehen.

10. Januar

Sogar in den dunkelsten Stunden deines Lebens erklingt im Inneren eine göttliche Musik, und ein helles Licht scheint, das dich begleitet und beschützt.

11. Januar

Entdecke den Frieden, in dem es keine Gegner gibt – die Erhebung der individuellen Seele zu Gott.

12. Januar

Frage dein Herz, wo es Ruhe und Frieden findet, und suche nach diesem Ort, bis du dort anlangst; es gibt ihn wirklich.

13. Januar

Du kannst lernen, über die ersten feineren Sinneswahr-
nehmungen hinaus ein Gespür für jene Ebene zu entwickeln, die hohe Führung ist.

14. Januar

Dein Geist hat eine eigene Realität, die mit den Körper-
sinnen nicht erfasst werden kann. Beginne, mit dem
inneren Auge zu sehen.

15. Januar

Damit du dein Leben richtig erkennst, musst du dich
zumindest zeitweise darüber hinaus erheben und von
»oben« schauen.

16. Januar

Wenn Glauben, Hoffnung und Demut stark genug
sind, wird deine Seele ewigen Frieden finden.

17. Januar

Wer seine Gefühle bewusst wahrnimmt, wird keine Begrenzungen erfahren.

18. Januar

Du hast das Verlangen, mehr über dich und deine Lebensaufgaben zu erfahren. Lies gute Bücher, bete, meditiere und hilf anderen Lebewesen.

19. Januar

In dir stecken ungeahnte Kräfte, die du mobilisieren kannst. Der Zugang dazu ist still, persönlich und innerlich.

20. Januar

Auch unter schwierigen Bedingungen kannst du Zeit für Muße und seelische Erfrischung finden, wenn du dir das nur selbst erlaubst.

21. Januar

Du hast die Gabe, dich in Situationen hineinzufinden und dich anzupassen, und dabei trotzdem deine Ideale zu bewahren.

22. Januar

Du erfährst in diesem Leben eine Befreiung und Erfrischung der Seele, die dir Glück bringt. Sei offen!

23. Januar

Du trägst in dir heilende Kräfte, die über deine normalen Fähigkeiten weit hinausgehen. Entwickle sie auf weise Art.

24. Januar

Richte dich in deinen Entscheidungen, vor allem bei den besonders problematischen, immer an einer spirituellen Führung aus.

25. Januar

Jeder Mensch hat die Sehnsucht, höhere Dimensionen und die Wunder der inneren Welten zu erfahren.

26. Januar

Lass die alten Erinnerungen los, lebe in Freude.

27. Januar

Alle Lebensphasen kommen und gehen, das Licht in dir bleibt immer.

28. Januar

Wende dich nach innen und erfahre Licht und Freude.

29. Januar

Du hast die Fähigkeit in dir, dich auch unter schwierigen Umständen wieder neu auf den Weg zu machen und voranzuschreiten – aktiviere diese Gabe!

30. Januar

Wenn du entscheidend vorwärtswillst, musst du erst Einkehr halten.

31. Januar

Es sind einzelne Schritte, die du in Geduld üben sollst, um die von dir gewünschte Lebensqualität leben zu können.

Februar

Entwicklungsthemen sind
Selbstverwirklichung, Austausch, Musik

Wahre Freiheit ist die Entscheidung, dem Göttlichen im Leben Raum zu geben. Bemühe dich um echte Weisheit, die den Menschen dient.

Selbstverwirklichung: Du brauchst das Gefühl, dass du immer mehr zu dir selber kommst, um glücklich zu sein. Komm zu dir!

Austausch: Deine Kommunikation mit anderen hilft dir und den Mitmenschen zu erkennen, was wesentlich im Leben ist. »Sprich, was wahr, notwendig und liebevoll ist«, sagt eine tiefe Weisheit. Du wirst aufgefordert, dem nachzueifern.

Musik: Erfreue dich an den harmonischen Schwingungen wundervoller Musik, am besten an den Melodien des Himmels und der Engel.

Engelübung: Energie fließen lassen

Diese Übung hilft, Dinge geschehen zu lassen, im Fluss zu sein und zu bleiben.

1. Setze dich bequem hin und entspanne dich. Beobachte deinen entspannten Atem.

2. Sprich innerlich: »Ich bin bereit für meine Freiheit!«

3. Fließe ganz mit deinem Atem und spüre die Freiheit in deinem Inneren.

4. Spüre, wie sich dein Wurzelchakra angenehm stärkt;

   wie sich danach das Sakralchakra befreit;

   wie sich dann das Solarplexuschakra öffnet und sich der Oberbauch entkrampft;

   das Halschakra frei wird;

   das Stirnchakra sich beruhigend ausgleicht;

   das Kronenchakra strömt.

   Atme entspannt in diesem Lichtfluss.

5. Deine Aura durchfließt kosmisches, violettes Licht. Deine Aura vergrößert sich. Von Kopf bis Fuß erhältst du bewusst kosmische Energie.

6. Lass in deinem Gefühl Erkenntnisse oder Einsichten aufsteigen und werde ganz frei in dieser Energie.

7. Atme dreimal tief durch und komme lächelnd in deiner Liebe zu dir selbst zurück.

1. Februar

Ziehe immer wieder einmal Bilanz und stelle fest, wo du im Leben stehst, welchen Zielen du folgst und was für dich jetzt wichtig ist.

2. Februar

Der schnellste Weg zurück zu Gott ist der Weg der Liebe, Demut und Hingabe.

3. Februar

Suche nach Gleichgesinnten, weil ihre Gesellschaft dir hilft, auf dem Weg der Bewusstseinsentwicklung rasch und gezielt vorwärtszukommen.

4. Februar

Es ergibt Sinn, dass du dir mental darüber klarwirst, was du im Leben willst, und das dann intelligent planst, um es schließlich zu verwirklichen.

5. Februar

Du erhältst Hilfe aus den Reichen der Natur, wenn deine eigene Kraft nicht mehr ausreicht. Öffne dich für diese feinen Energien.

6. Februar

Wenn deine Seele zum immerwährenden inneren Licht erwacht, dann findest du deinen Weg auch dann, wenn es draußen dunkel ist.

7. Februar

Wenn du nicht von dir aus anderen Menschen mitteilst, was dir wesentlich ist; sprich es zumindest im Gebet an Gott aus.

8. Februar

Manchmal erinnern uns die äußeren Lebensumstände an unseren Lebenssinn. Folge dem Ruf der Leichtigkeit.

9. Februar

Erst wenn dein Verstand still geworden ist, können die Botschaften der Engel deinen Geist erreichen.

10. Februar

Versuche, Erfüllung nicht mehr im Außen zu finden, sondern suche sie dort, wo du immer Resonanz findest: beim inneren Licht.

11. Februar

Du erfährst die Wärme und die Fülle des Lebens, wenn du dich einfachen Herzens auf dein Schicksal einlässt.

12. Februar

Wenn du dich einer (deiner) Aufgabe mit aller Konzentration und Hingabe widmest, hast du Erfolg!

13. Februar

Partnerschaft erfüllt sich, wenn wir das Göttliche im anderen erkennen.

14. Februar

An die Leichtigkeit haben wir uns erst zu erinnern, doch sie ist immer da.

15. Februar

Du hast das Talent, Herzenseinsichten aufzunehmen und sie anderen Menschen mitzuteilen.

16. Februar

Bücher und Lehrer sind Impulsgeber. Dein wahres Wissen ist die Herzenskraft.

17. Februar

Durch Vorausschau und sinnvolle Einteilung von Kraft und Zeit gelingt es dir, dein Leben kreativ und erfolgreich zu gestalten.

18. Februar

In allem, was du tust, wirst du behütet, geliebt und begleitet.

19. Februar

Verschwende deine Energie nicht auf den unnötigen Schutz und auf die Zurückhaltung, sondern lebe dein vollständiges Potenzial aus.

20. Februar

Du besitzt geistige Anbindung, lass dich in dieser Kraft führen.

21. Februar

Du brauchst nur mit den Augen der Seele zu sehen beginnen, um das Licht und die Engelboten der göttlichen Liebe wahrzunehmen.

22. Februar

Im Fluss des Lebens liegt das Geheimnis des Friedens.

23. Februar

Die äußeren Straßen mögen verstopft sein, dein Weg zum Ort des Friedens im Inneren, zur Seele und zum Licht ist jedoch nie blockiert.

24. Februar

Du sollst aktiv mit dazu beitragen, aus Hoffnungslosigkeit neue Zuversicht werden zu lassen und gemeinsam mit anderen eine bessere Welt zu schaffen.

25. Februar

Du findest immer den Weg ins Licht. Du bist willkommen.

26. Februar

Inmitten des scheinbar chaotischen Lebens kannst du Übersicht bewahren und deinen Geist auf das Wesentliche konzentrieren.

27. Februar

Höre auf den Ruf deiner Seele, die dich zu Höherem aufruft. Wende deine Aufmerksamkeit regelmäßig nach innen.

28. Februar

Einfühlsame weibliche Energien können oft rascher zum Ziel kommen als drängende männliche Kräfte. Entwickle die weibliche Energie!

29. Februar

Du wirst alles schaffen. Dafür bist du da!

März

Entwicklungsthemen sind
Unschuld, Mitgefühl, Unterscheidungskraft

Finde die rechte Balance zwischen dem, was du gibst, und was du empfängst. Finde auch in deinem Glauben eine harmonische Balance zwischen dem, was du gibst, also glaubst, und dem, was du erfährst, also erhältst. Glauben ist ein wunderbarer erster Schritt, eigene spirituelle Erfahrung der notwendige zweite.

Unschuld: Gehe zum Ort der Unschuld der Seele, zum »dritten Auge«, und finde dort wahren Frieden.

Mitgefühl: Du spürst oft, was andere Menschen bewegt. Bleibe dabei aber in deiner eigenen Mitte – nur so kannst du ihnen helfen. Bewahre dir dein mitfühlendes Herz, aber erlaube anderen Menschen nicht, in ihrer Blindheit oder Rohheit, dein Herz zu verletzen.

Unterscheidungskraft: Entwickle die Gabe, Situationen, Menschen und Angelegenheiten auch »von außen« zu betrachten, um eine objektivere Perspektive zu gewinnen.

Engelübung: Liebesfähigkeit stimmig leben

Mit der Märzübung lernt man, sich mehr dem Leben und seinen Aufgaben hinzugeben, der Liebeskraft in sich größeren Raum zu geben und mehr Liebe weiterzugeben.

1. Setz dich bequem hin und beobachte deinen Atem.

2. Spüre in deiner Brust: »Ich bin bereit für neue, wahrhaftige Liebe!«

3. Lass dein Herz lächeln und atme ruhig ein und aus.

4. Spüre, wie an deiner rechten und linken Körperhälfte rosafarbene Lichtstreifen hinunterfließen und dich öffnen.

5. Siehe, wie dein Herzchakra eine rote Herzform annimmt, die dich leicht und glücklich macht.

6. Das Liebeslicht des Herzchakras fließt wie ein wärmendes Öl hinunter auf dein Solarplexuschakra und dann auch nach und nach in dein Sakral- und in dein Wurzelchakra.

7. Dein Herzchakra öffnet sich immer mehr und erfüllt nacheinander dein Hals-, dein Stirn- und dein Scheitelchakra.

8. Genieße dieses Licht in deiner Herzensliebe und verweile darin.

9. Sieh dich umhüllt und weit geöffnet von einem Lichtkreis.

10. Komm geschützt zu dir zurück.

1. März

Nimm Hilfe an, die andere lichte Seelen dir geben können, und lass dich dabei jedoch ganz von tatsächlichen
eigenen spirituellen Erfahrungen leiten.

2. März

Die Aufgabe des Menschen auf dem Weg zu Gott besteht darin, tiefes Vertrauen zu erleben.

3. März

Durch Innenschau, Gebet und Nächstenliebe treffen
wir vom Intellekt aus die richtigen Entscheidungen.

4. März

Sei wachsam und kritisch bei dem, was du dir wünschst,
und benutze deine Unterscheidungskraft, um das wirklich Beste anzustreben.

5. März

Schenk anderen dein Vertrauen und erfreue dich am Vertrauen anderer.

6. März

Beurteile den Menschen nicht nach seinem Äußeren, sondern nach der Liebe seiner Augen.

7. März

Tue dein Bestes, den Rest aber überlasse Gott, und nimm dankbar und fröhlich das an, was das Leben dir gibt.

8. März

Geh auf das Leben mit einem reinen Herzen zu, aber werde auch offen für die Entwicklung, für bewusst angenommene Verantwortung und die aktive Gestaltung deines Schicksals.

9. März

Liebe fängt damit an, dass du entdeckst, wer du selbst bist, und das an dir liebst, was göttlich und ewig ist.

10. März

Verwechsle magische Kräfte nicht mit der höchsten Wirklichkeit. Prüfe, was dich in deinem Leben ganzheitlich vorwärtsbringt.

11. März

Du trägst in dir die schöpferische Kraft, ein reiches und beglücktes Leben zu führen.

12. März

Es ist möglich, alte Strukturen zu durchschauen und zum wahren Kern der geistigen Botschaft vorzudringen. Hilf dabei mit.

13. März

Suche und finde Muße, um im Stillen die Schönheiten des Lebens zu genießen und zu bewundern.

14. März

Setze deine mentalen Fähigkeiten ein, um dir über Werte und Ziele klarzuwerden. Lass dich dann von der Stimme deiner Seele führen.

15. März

In der gesamten Schöpfung lebt die Gotteskraft; entwickle Verständnis für alle Lebewesen.

16. März

Im Inneren gibt es himmlische Eigenschaften. Blicke in sie hinein, und du wirst deinem wahren »Ich« begegnen.

17. März

Werde achtsam für die feinen Impulse in dir, die dich anregen wollen, dich dem Licht zuzuwenden.

18. März

Die Schöpfung ist vollständig, geh sorgsam mit ihr um.

19. März

Wenn du müde bist und wie ausgebrannt, gönne dir eine Auszeit, gönne dir Muße. Am besten in der Natur.

20. März

Du erkennst, dass du dein Leben bewusst und unabhängig von der Masse gestalten kannst.

21. März

Du freust dich, das Leben und deine Möglichkeiten zu entdecken. Suche auch nach dem Sinn.

22. März

Du bist ein aktiver Mitarbeiter bzw. eine aktive Mitarbeiterin am Schicksal der Welt. Entwickle dein Bewusstsein dafür.

23. März

Du erlebst die Fülle von Glück, das umso größer wird, je mehr du dich zur Schöpferkraft hinwendest.

24. März

Du bist auf der Suche nach deinem geistigen Weg und wirst ihn in diesem Leben finden.

25. März

Du bist ernsthaft um deine individuelle Entwicklung bemüht und dabei für vieles offen. Finde zum Wesentlichen.

26. März

Verbinde die Lebensqualitäten des klaren Denkens, liebevollen Fühlens und stimmigen Handelns in dir.

27. März

Du entdeckst, dass Weisheitslehren aus dem Osten und aus dem Westen im Kern das Gleiche aussagen: Wir Menschen sind Licht und Liebe, und der Sinn des Lebens ist, bewusst und liebevoll zu werden.

28. März

Du spürst, dass du Führung auf deinem Seelenweg am besten aus deinem Inneren erfährst, und du findest zum inneren Licht.

29. März

Du entwickelst die Gabe, den Sinn alter Traditionen auf neue Weise auszudrücken.

30. März

Du verstehst es, notwendige Schritte im Leben zu unternehmen.

31. März

Du spürst, dass du eine individuelle Persönlichkeit bist, die ihren eigenen Weg findet.

April

Entwicklungsthemen sind
Frieden, Mut, Harmonie

Halte inne und spüre, wie die Engel dich berühren. Sei du selbst und finde zu dir – und bewahre dir dabei den Respekt gegenüber anderen Menschen und ebenso gegenüber ihrer Freiheit.

Frieden: Wenn du neue Pläne verfolgst oder in Not bist, lasse dich bewusst einige Zeit auf den Frieden in dir selbst ein, dessen Quelle und Kraft dir dein Schutzengel zeigen möchte.

Mut: Sei bedacht, wenn du zu neuen Ufern aufbrichst. Du hast Mut in dir und brauchst geistige Führung, um ihn richtig einzusetzen.

Harmonie: Die Qualität der Harmonie wird dir helfen, eine erfüllte Partnerschaft zu leben. Entwickle gezielt Harmonie.

Engelübung:
Achtsamkeit und Entscheidungsfähigkeit

Diese Übung hilft, das Leben in die richtigen Bahnen zu lenken und die Achtsamkeit sowie die eigenverantwortliche Entscheidungsfähigkeit zu stärken. Achte also darauf, den ersten Schritt zu machen, bevor du den zweiten unternimmst.

1. Setz dich bequem hin und atme ruhig und tief.

2. Spüre den Satz in deinem Herzen: »Ich bin!«

3. Lass dich vom Frieden erfüllen und sieh eine Ampel in dir. Leuchtet sie rot, gelb oder grün?

4. Atme und spüre, was dies für dich bedeutet. Halte inne, wenn sie rot ist. Sei bereit, wenn sich gelb zeigt. Und tue einen Schritt vorwärts, wenn sie grün leuchtet.

5. Sei bereit und begreife deinen Lebensschritt.

6. Spüre eine Sicherheit in dir, die immer größer wird!

7. Sprich: »Ich bin bereit in mir!« Atme dies tief ein.

8. Komm liebevoll und gestärkt zu dir. Mache deinen Schritt.

1. April

Du stellst fest, dass die Dinge, die dich bisher verunsichert haben, nun keine berechtigte Rolle mehr spielen.

2. April

Du hörst eine innere Stimme, die dich an deine wahre, ewige Heimat der Seele in der Quelle des Lichts erinnert.

3. April

Du erinnerst dich an ewige Werte, liebevolles Leben und strebst nach Hingabe.

4. April

Du wirst offen für die unbewussten und die überbewussten Ebenen des menschlichen Lebens und bereit, in die Tiefen der Meditation einzutauchen.

5. April

Du empfindest die Notwendigkeit, inmitten des ständigen Getriebes der Welt zu einer inneren Seelenruhe zu kommen.

6. April

Du lernst, loszulassen und dich auf den natürlichen Fluss der Energien des Lebens einzulassen.

7. April

Du findest die Kraft, den Alltag mit Sinn zu erfüllen.

8. April

Du spürst, dass alles miteinander verbunden ist und dein Leben unter einem besonderen Schutz von oben steht.

9. April

Du bist stark darauf ausgerichtet, das Leben von der körperlichen Seite her zu meistern; erweitere deine Perspektive darüber hinaus.

10. April

Du kannst dich entscheiden, ungehemmt am Glück und Segen des Lebens teilzunehmen, wenn du deinen Paradiesgarten im Inneren findest.

11. April

Du beginnst, wichtige seelische Erfahrungen zu machen. Lass sie in dir wirken.

12. April

Du öffnest dich für neue spirituelle Kräfte, die in dein Leben hineinströmen wollen, um es zu durchleuchten.

13. April

Du merkst, dass du die äußere und die innere Entwicklung deines Wesens gleichberechtigt fördern sollst.

14. April

Du möchtest aus der unerschöpflichen Quelle des Lebens anderen so viel wie möglich geben. Achte darauf, dass du dabei auch deine eigenen, inneren Werte entwickelst.

15. April

Du reifst in deinen Fähigkeiten, um an dein Ziel zu kommen.

16. April

Du merkst, dass unter der Oberfläche der Dinge und hinter den Gesichtern der Menschen andere Realitäten und Möglichkeiten stecken, und gewinnst neue Perspektiven.

17. April

Du spürst Einklang mit göttlichen Kräften und siehst deine Aufgabe darin, die Harmonie der Sphären auch im eigenen Alltag zu leben.

18. April

Du bist offen dafür, mit anderen zusammenzuarbeiten und Nachsicht zu üben, um ein gemeinsames Ziel zu erreichen.

19. April

Sei offen für die Gaben anderer, denn deine Mitmenschen können dich inspirieren.

20. April

Du spürst, wie dich immer wieder eine neue Energie belebt, die überpersönliche Klarheit und Reinheit bringt.

21. April

Du weißt, dass es größere Kräfte gibt als die des Menschen, und öffnest dich wieder neu für das Wunder des Lebens.

22. April

Du schöpfst immer wieder neue Hoffnung, um dich zu verwirklichen und deine natürlichen Energien zu nutzen.

23. April

Du hast die Chance, eine unbegrenzte Quelle der Kraft und Hilfe für andere Menschen in dir selbst zu entdecken.

24. April

Du erkennst nach und nach, dass es hinter dem irdischen Werden und Vergehen eine größere, ewige Wirklichkeit gibt.

25. April

Du hast die Gabe, mit Erfindungsgeist, Kooperation und Geduld, Probleme zu lösen. Entwickle dieses Talent weiter.

26. April

Du kehrst zu den wahren Quellen von Lebenskraft und Lebenssinn zurück. Werde im Herzen dabei wie ein Kind.

27. April

Du lernst, auch unter schwierigen und völlig ungewohnten Umständen, neue, eigene Wege zum Erfolg zu finden.

28. April

Du erfährst, dass es ein inneres Licht gibt, das Liebe ausstrahlt und die Seele wärmt.

29. April

Du verbindest Mitgefühl und besondere Fähigkeiten, um der Menschheit Dienste zu leisten.

30. April

Du sollst in diesem Leben auch lernen, die Gaben der Natur zu pflegen und dich an ihnen zu erfreuen.

Mai

Entwicklungsthemen sind
Einfühlungsgabe, Kraft, Hilfsbereitschaft

Breite die Flügel deiner Seele aus und öffne dein Herz. Erkenne, was du wirklich besitzt – und was vielleicht dich besitzt. Du wirst immer aus Herz und Seele leben können.

Einfühlungsgabe: Versuche, dich in die Lebenssituationen der anderen Menschen hineinzuversetzen, und vertraue deiner inneren Stimme.

Kraft: Du hast große Kraft, mit der du viel bewegen kannst, wenn du sie nur entdeckst und dich an hohen Idealen orientierst. Entdecke, dass die höchste Macht die Kraft der Seele ist, und nicht der Verstand, die Gefühle oder der Körper.

Hilfsbereitschaft: Deine Partnerschaft blüht auf, wenn du dem anderen Menschen echte Anteilnahme aus Herz und Seele schenkst.

Engelübung: Ruhe und Gelassenheit

Es geht in dieser Jahreszeit darum, in Ruhe zu leben, sich auch einmal fallenlassen zu können.

1. Setz dich bequem und entspannt hin und atme tief.

2. Spüre in deiner Brust: »Die Ruhe ist mein!«

3. Atme diese Kraft ein und aus und lasse dich von blauem Licht einhüllen.

4. Genieße diesen Zustand und lass dich noch mehr fallen. Dein Engel umarmt dich, genieße seine Nähe und Berührung.

5. Dein Körper wird wunderbar dunkelblau. Er stabilisiert sich in dieser herrlichen Ruhe. Lass dich hineinfallen.

6. Spüre in deinem Herzen den Satz: »Ich liebe mich.« Dein Herzchakra wird dadurch zu einer rosenfarbigen Blüte.

7. Eine wunderbare lichtvolle, kreisförmige Hülle entsteht um dich herum.

8. Liebe, lebe und fühle.

9. Komm langsam im warmen Körper an.

1. Mai

Du bemerkst, wie das äußere Leben die inneren Sehnsüchte spiegelt – und du dich deshalb mit dem Innenleben befassen musst, um zum Wesentlichen zu gelangen.

2. Mai

Du kannst stolz darauf sein, dass es dir gelingt, mit Einsatz und Bescheidenheit Probleme zu meistern.

3. Mai

Du spürst den Wunsch, du selbst zu sein und sinnerfüllte Ziele zu verwirklichen.

4. Mai

Du bist in der Lage, auch größte Herausforderungen zu meistern, wenn du deine eigene Mitte findest.

5. Mai

Bleib bei deiner Wahrheit, auch dann, wenn sie im lauten Alltag wenig Gehör findet.

6. Mai

Du stehst vor der Entscheidung, ob du in deinem Leben den Weg der Erleuchtung oder den des Kampfs um Erfolg gehen willst.

7. Mai

Du bist bereit, Altes abzulegen, was für dein Leben hinderlich ist, und dich für einen frischen Wind im Leben zu öffnen.

8. Mai

Du bekommst die Chance, neue Aspekte deines Seins zu erkunden und zur Ursprünglichkeit deines Wesens zu finden.

9. Mai

Du erlebst eine Bewusstseinserweiterung, die Freude und neue Einsichten in den Lebenssinn schenkt.

10. Mai

Du bist in diesem Leben im Begriff, tiefgründige spirituelle Unterscheidungskraft zu entwickeln und danach zu leben.

11. Mai

Du fühlst dich frei und sicher, auch unter den gegebenen Bedingungen deinen Weg zu gehen und dein Ziel zu erreichen.

12. Mai

Du wirst die wundervollsten Schätze finden, wenn du nicht mehr außen mit dem Ego, sondern innen mit dem Herzen nach dem Licht der Engel suchst.

13. Mai

Du spürst, wie elementare Kräfte in deinem Leben auftauchen, und du hast die Aufgabe, sie richtig zu integrieren.

14. Mai

Du bist fähig, altbewährte kulturelle Werte vielen Menschen zugänglich zu machen, um sie zu erheben.

15. Mai

Du kannst mit großer Überzeugungskraft auf andere wirken, solange deine Absichten rein sind.

16. Mai

Du weißt, dass es im Leben um die Verwirklichung menschlicher Weisheit geht, und wendest dich beständigen Werten zu.

17. Mai

Du entwickelst neue Energien der körperlichen und geistigen Heilung und Erfüllung.

18. Mai

Du spürst, dass du dich mit dem Pro und Kontra in Bezug auf Lebensfragen bewusst auseinandersetzen und gleichzeitig praktisch weiterarbeiten musst.

19. Mai

Du suchst nach einem sicheren Ort, an dem du ungestört die Schönheit der inneren Welten genießen kannst.

20. Mai

Liebe die Partnerschaft mit dir selbst, und du erlebst heile Beziehungen zu anderen.

21. Mai

Du erhältst Impulse und findest die Kraft, neue, innere Dimensionen zu erkunden, die deinem Leben eine neue Sicht vermitteln.

22. Mai

Du hast die Gabe, auf die Bedürfnisse anderer Menschen einzugehen, ohne dich darin zu verlieren. Nutze das!

23. Mai

Alte Weisheiten, verbunden mit neuen Erkenntnissen, entfalten neue Fähigkeiten.

24. Mai

Du möchtest den Reichtum des Herzens nicht nur selbst erleben, sondern mit anderen teilen. Achte darauf, dass du dies auf weise Art tust.

25. Mai

Du erkennst, dass man im Leben immer bereit sein soll, wichtige neue Orientierungen einzubauen, die von außen, innen oder »oben« kommen.

26. Mai

Du hast die Fähigkeit, das Leben zu begreifen und auf alle Fragen Antworten zu finden.

27. Mai

Du kannst körperliche und geistige Regeneration erlangen, wenn du zu den Quellen der Weisheit zurückkehrst, die im Licht der Engel in dir auf dich warten.

28. Mai

Es hat keinen Sinn, sich gegen ein »Schicksal« aufzulehnen. Es ergibt mehr Sinn, Vergebung zu üben.

29. Mai

Nutze die Zeit, das zu erlernen, was dem Seelenfrieden und deinem Glück hilft.

30. Mai

Wenn du einem wahren Engel oder einem göttlichen Licht begegnest, hast du einen Teil deiner Lebensaufgabe erfüllt. Suche und bete darum – oder finde sie in dir selbst.

31. Mai

Du sollst bereit sein, immer wieder neue Bereiche des Lebens zu entdecken und deine Kreativität einzusetzen.

Juni

Entwicklungsthemen sind
Freude, Zuversicht, Wahrheit

Geh hinaus in die Natur und atme ihre Kraft. Prüfe, ob du frei bist, Sinnvolles zu denken, ob du konstruktive Pläne entwerfen kannst oder vergangene Gelegenheiten bedauerst, ob du kreativ kommunizieren oder dich als Opfer der Umstände erfahren willst.

Freude: Freude am Leben und Dankbarkeit für das Leben sind der beste Halt, wenn du dein Gleichgewicht finden möchtest.

Zuversicht: Solange du die Zuversicht behältst, dass deine Kommunikation eine Brücke zum Nächsten bauen kann, ruhst du in dir selbst. Zuversicht baut auf eigener Erfahrung auf, die über das Denken hinausgeht. Entdecke, wie du Zugang zu den inneren Welten von Licht und Himmelsmusik erlangen kannst.

Wahrheit: Achte in allen Partnerschaften darauf, dass du genau bei der Wahrheit bleibst und in der Wahrheit lebst.

Engelübung: Licht und Wärme

Jetzt ist eine gute Zeit, um viel helles Licht in Körper und Seele aufzunehmen und sowohl die Gefühle als auch die Seele durch und durch erwärmen zu lassen.

1. Setz dich bequem hin, atme ruhig und frei.
2. Stell dir vor, wie in dir eine große gelbe Sonne ist und dich ganz ausstrahlt.
3. Spüre: »Ich bin dieses Licht!« und wärme dich dabei.
4. Beobachte, wie dein Rücken hell leuchtet,

   dein Bauch sonnengelb wird,

   deine Brust strahlend warm,

   deine Beine fließend licht werden,

   deine Füße strahlend klar

   und dein Kopf frei wird in diesem Sonnenlicht.
5. Befreie dich dabei und werde rund in dir. Deine Aura stärkt sich.
6. Aufgewärmt komme zu dir zurück.

1. Juni

Du lernst zu erkennen, dass jeder Mensch dem Wesen nach göttlich ist. Das wird helfen, im Alltag, in Meditation und bei der Arbeit voranzukommen.

2. Juni

Du kannst in diesem Leben einen Höhepunkt der menschlichen Entwicklung erreichen: die Offenheit des Herzens.

3. Juni

Dir kann es gelingen, geographische und emotionale Entfernungen zu überwinden, um zum Verständnis unter den Menschen aktiv beizutragen.

4. Juni

Zusammen mit anderen kannst du entdecken, wie das Leben fröhlich und glücklich sein kann, wenn wir auf ein gemeinsames Ziel hin friedlich kooperieren.

5. Juni

Deine Seele möchte sich erheben und auf die innere Stimme lauschen, die dir den Weg durchs Labyrinth des Lebens weisen kann. Schau auf das Licht!

6. Juni

Arbeite immer an dir, um dauerhaft im Licht zu bleiben.

7. Juni

Du fühlst dich in dieser Welt manchmal wie fremd; dadurch kannst du jedoch auch innere Unabhängigkeit entwickeln. Nimm das als Chance wahr.

8. Juni

Lerne aus den Erkenntnissen alter Tage und studiere die Weisheit des Lebens – das wird dir auf deinem Lebensweg zur Wahrheit eine gute Stütze sein.

9. Juni

Du spürst, dass das Leben einen schier unerschöpflichen Reichtum an Möglichkeiten der Entwicklung bietet. Suche aus, was wirklich weiterhilft.

10. Juni

Biete deinen Inspirationen einen festen, klaren Rahmen, in dem sie sich auch sinnvoll erleben und nutzen lassen können.

11. Juni

Lass dich auf die Freuden und die Herzenswärme des einfachen Lebens ein und folge der inneren Stimme.

12. Juni

Du erkennst, dass du Körper, Geist und Seele gleichberechtigt entfalten kannst und sollst.

13. Juni

Selbst unter den schwierigsten Umständen kannst du
Ruhe bewahren und tun, was die geistige Führung dir
nahelegt. Du bist beschützt.

14. Juni

Zu deinen Lebensaufgaben gehört es, dich genau ken-
nenzulernen und zu beginnen, deinen eigenen Weg bewusst zu bestimmen.

15. Juni

Wenn du dich zu Gott und zu den Engeln und zum
Licht wendest und einen Schritt auf sie zugehst, kommen sie dir Hunderte von Schritten entgegen.

16. Juni

Du fühlst tiefe Sehnsucht nach einem Lebenssinn, der
überall auf der Welt und für alle Menschen gilt. Du findest ihn in der liebevollen Zuwendung an das Leben.

17. Juni

Dieses Leben kann zur Befreiung von alten Karma-lasten und zu einem echten Neubeginn führen, wenn du dich für die Kraft des Heiligen Geistes öffnest.

18. Juni

Du siehst, dass das Leben schön sein kann, und solltest dir heute auch die Erlaubnis geben, das selber zu erfahren.

19. Juni

Du wirst aufgefordert, deine Werte und Ideale immer wieder zu überprüfen und entsprechend deiner Einsichten dann zu leben.

20. Juni

In dir sind der Makrokosmos und der gesamte Himmel. Du brauchst in diesen »Tempel« mit deiner Seelenschau nur einzutreten.

21. Juni

Du kommst nicht umhin, alte, längst überlebte Verhaltensmuster abzulegen und neue, sinnvollere zu verwirklichen.

22. Juni

Du kannst dieses Leben nutzen, um deinen Blickpunkt entscheidend zu erweitern. Dazu sind Mut, Hoffnung und Visionen notwendig.

23. Juni

Mit deiner Verantwortung bist du nie allein. Geh deinen Weg.

24. Juni

Du kommst nur mit Demut und der Bereitschaft, alle Lebewesen als Teil der göttlichen Schöpfung zu erleben, lichtvoll voran.

25. Juni

In deiner Anbindung kannst du immer Wahrheit und Sinn finden.

26. Juni

Dein Herz entfaltet sich in deinem grenzenlosen Erleben.

27. Juni

Du hast die Chance, Zusammenhänge zwischen den Kräften der Natur und ihren geistigen Gesetzen zu erkennen.

28. Juni

Du hast den Willen, über Beschränkungen hinauszu-
wachsen. Ein spiritueller Quantensprung ist möglich.
Bitte die Engel um Hilfe.

29. Juni

Sei offen dafür, das Leben zu verstehen. Öffne dich für
den bewussten Umgang mit deiner Herzenskraft.

30. Juni

Das Leben ist voller Reichtum; nutze es mit deinem
Potenzial.

Juli

Entwicklungsthemen sind
Erfolg, Geduld, Frieden

Vergib und erfahre, wie dir vergeben wird. Spüre in eigene frühere Erlebnisse und Bedürfnisse hinein, um dich besser auf andere einstellen zu können. Lass dich nicht von Sentimentalität einfangen, sondern fühle mit dem Herzen.

Erfolg: Stell dich auf Problemlösung ein, wenn du echte Lebenshilfe suchst. Erfolg ist, was folgt.

Geduld: Du lässt dir Zeit, die Dinge in Ruhe heranreifen zu lassen. Achte dabei auch auf deine eigenen Interessen. Es ist gut, sich in Geduld üben zu können. Gleich notwendig ist jedoch, dass du die Unterscheidungskraft besitzt zu erkennen, dass auch deine eigenen Anliegen berechtigt sind.

Frieden: Es ist wichtiger, die Tage in Frieden zu verbringen, als jeder noch so berechtigten Gemütsanwandlung nachzugeben.

Engelübung: Bewusst spüren

Schenk dir die Zeit und die Aufmerksamkeit, um deine Gefühle und deinen Körper bewusst wahrzunehmen.

1. Setz dich bequem hin und atme tief.

2. Spüre den Satz in deiner Brust: »Ich bin bereit, mich selbst zu fühlen.«

3. Sieh, wie die Engel ein cremefarbenes Seidentuch auf dich legen, und ruh dich aus.

4. Spüre, wie sich dein Körper anfühlt: von unten nach oben. Entspanne die Füße, dann die Beine, dein Becken, den Rücken, die Schulter, die Arme und Hände, Ober- und Unterkiefermuskulatur. Erlaube dem Kopf, frei zu sein.

5. Was für ein Grundgefühl begegnet dir im Körper? Das Gefühl loslassen zu wollen oder ein anderes? Dann atme tief durch und gehe dem nach. Genieße diese Kraft und lasse dir Zeit.

6. Spüre nun deinen Körper wieder von unten nach oben strahlend hell und weich.

7. Atme dreimal tief durch und komme ins Hier und Jetzt.

1. Juli

Jeder Mensch hat sein Anliegen, und doch geht es nur um die Liebe.

2. Juli

In jedem Menschen wohnt Gott, in jedem Menschen leuchtet die Liebe.

3. Juli

Du kannst nur dann etwas erhalten, wenn du bereit bist, es anzunehmen.

4. Juli

In dir will Mut wachsen, damit du deine bereits vorhandene Stärke einsetzen kannst, um dein Ziel zu erreichen.

5. Juli

Hüte dich vor nur vorübergehenden Formen der Zufriedenheit und nutze die Zeit zur Suche nach echtem Glück.

6. Juli

Du bist in der Lage, Spirituelles und Physisches sinnvoll und kreativ zu leben. Finde deinen eigenen Zugang dazu.

7. Juli

Auch du kannst die Quelle des ewigen Flusses im Leben finden, von dem die Weisen gesprochen haben.

8. Juli

Dein Schutzengel achtet allezeit auf dich und begleitet dich stets.

9. Juli

Du vermagst es, unbewusste höhere Impulse in den Alltag aufzunehmen und Traditionen aus der Vergangenheit mit Zukunftsvisionen zu verbinden.

10. Juli

Erkenne die Zeitlichkeit des irdischen Lebens und widme dich der Erforschung deines ewigen Seelenkerns.

11. Juli

Führe jede Arbeit, die du machst, mit Freude aus, und du erlebst Leichtigkeit dabei.

12. Juli

Erfülle deine Sehnsucht nach Liebe und Licht, nach Sinn und Führung, indem du deinem Herzen folgst.

13. Juli

Tausch dich regelmäßig über dein Herzensanliegen mit anderen aus. Öffne dich für Menschen und ihre Interessen.

14. Juli

Du wirst immer Hilfe erfahren, wenn du sie brauchst. Richte dich auf.

15. Juli

Du sollst deine innere Stärke entdecken, damit du unter allen Umständen selbstbewusst durch das Leben gehen kannst.

16. Juli

Nimm dir immer wieder Zeit und Muße, um auch mental die Fragen des Lebens in Ruhe zu durchdenken und Antworten anderer zu lesen.

17. Juli

Du erhältst eine Gelegenheit zur kraftvollen Entwicklung, wenn du Hilfen von »oben« anzunehmen bereit bist.

18. Juli

Du hast eine Aufgabe als Vermittler zwischen den Menschen.

19. Juli

Du wirst aufgefordert, deine eigene Unterscheidungskraft zu schärfen, um bewusst und richtig auszuwählen, was für dich im Leben am besten ist.

20. Juli

In deinem Inneren bist du Licht. Vergleiche dich nicht mit anderen.

21. Juli

Hab Vertrauen und folge der geistigen Führung. Du wirst geliebt.

22. Juli

Du bekommst ständig Unterstützung durch lichtvolle Wesenheiten, die sich in Dingen offenbaren und dir in deinem Leben Freude durch die Begegnungen mit Menschen machen.

23. Juli

Wenn du nicht mehr weiterweißt im Leben, bitte um Hilfe von »oben«.

24. Juli

Nutze jede Gelegenheit, die du im Alltag findest, zur meditativen Muße, zur Einkehr und zur fröhlichen Gelassenheit.

25. Juli

Wachse in deiner geistigen Freiheit.

26. Juli

Um mehr aus dem Leben zu machen, brauchst du die Verbindung mit dem inneren Licht.

27. Juli

Du hast Interesse an den Geheimnissen des Lebens, denen du dich öffnen lernen sollst.

28. Juli

Jeder Mensch ist es wert, gesegnet und geliebt zu werden.

29. Juli

Alles Leben ist ein Fluss, habe Freude an der Bewegung.

30. Juli

Du möchtest aus alten Formen oder mit vorhandenen Mitteln etwas Neues gestalten. Wenn du dich dabei auf die Bedürfnisse der Umwelt einstellst, wirst du große Hilfe durch die Engel erfahren.

31. Juli

Du bist auf dem Weg, eine neue Form des Selbstausdrucks für dich zu finden, die das nach außen spiegelt, was dir am Herzen liegt. Du schaffst es!

August

Entwicklungsthemen sind
Innenschau, Aufrichtigkeit, Licht

Achte darauf, dass sich deine Willenskraft auf den höchsten Willen einstellt und du nicht zum Opfer eines kurzlebigen und kurzsichtigen Egowillens wirst.

Innenschau: Der beste und höchste Schutz besteht darin, dass du durch Meditation zu deinem wahren ewigen Wesen findest.

Aufrichtigkeit: Deine furchtlose Ehrlichkeit ehrt dich, doch fühle dich auch in die Empfindungen anderer Menschen ein. Du vermagst, der Wahrheit sehr nahezukommen und vom Herzen her aufrichtig zu sein. Wenn du diese Qualität mit liebevoller Achtsamkeit verbindest, kannst du anderen Menschen noch mehr helfen.

Licht: Richte deine Seele auf das innere Licht in jedem Menschen, und deine Partnerschaften werden harmonisch sein.

Engelübung: Lebensfreude

Verbrenne alles Alte, was dich belastet, um deine Persönlichkeit voller Freude erfahren zu können.

1. Setz dich bequem hin und atme tief.
2. Atme im tiefen Gefühl den Satz: »Ich will.«
3. Spüre, wie sich um dich herum ein Feuer entfacht und alles Belastende in deiner äußeren Aura verbrennt.
4. Dein Körper strahlt harmonisch und gelb, während du das friedvolle »Ich will« ein- und ausatmest.
5. Deine Füße werden hell im Orange der Freude. Mut und Kraft kehren zu dir zurück. Im gesamten Körper entfaltet sich diese orangefarbige Kraft der Freude. Erfülle dich damit und schöpfe Kraft im Gefühl »Ich will«.
6. Deine ganze Aura füllt sich immer mehr, lasse dir dabei Zeit.
7. Erwache in deiner neuen Kraft.

1. August

Das Leben offenbart sich dir in seiner größten Schönheit.

2. August

Die Engel helfen dir bei jeder reinen Absicht, habe Freude dabei.

3. August

Nutze die Unbefangenheit deines Herzens, wenn du dich auf die Suche nach der Wahrheit deines Lebens machst.

4. August

Lerne, Zeichen und Omen der Natur so zu deuten, dass sie dir Hilfen auf deinem Weg sind.

5. August

Du erfasst, dass zum Leben Yin und Yang, weibliche und männliche Kräfte, gehören, und bemühst dich, dieses Gleichgewicht in dir zu leben.

6. August

Es wird dir leichter fallen, mit Menschen Wesentliches zu besprechen und voranzubringen, wenn dies in einer Atmosphäre der Entspannung geschieht.

7. August

Das Leben bereitet dir viele Geschenke. Erfreu dich daran.

8. August

Alles, was du brauchst, ist da, ergreife deine Möglichkeiten.

9. August

Das Leben erreicht dich immer, du bist mittendrin im Glück.

10. August

Lass deinen Schutzpanzer los, denn du hast nur Freunde.

11. August

Schiebe es nicht beiseite, sondern freue dich über das unverhoffte Glück und nutze es, wenn du einer wahren spirituellen Botschaft in dir begegnest.

12. August

Es geht um Einsicht in die Notwendigkeit, nicht nur irdisches Wissen zu lernen und körperlich-sinnlich zu leben, sondern sich auch bewusst geistig zu entfalten.

13. August

Du bist immer und überall willkommen. Lade dich in die Fülle des Lebens ein.

14. August

In jedem Schritt kannst du deine geistige Anbindung erleben. Spüre deinen Atem dabei.

15. August

So oft geht es Menschen um eine instinktive oder traditionsbedingte Anbetung in Ritualen und in dogmatischer Absicherung. Finde du in dir eine formlose, geistige Anbetung Gottes.

16. August

Wenn du dein Gemüt beherrschst, wirst du zum höchsten Licht gelangen.

17. August

Alles, was dir begegnet, kann eine geistige Aussage enthalten. Sei aufmerksam.

18. August

Jeder Mensch hat einen geistigen Auftrag, achte ihn.

19. August

Der heilende Strom fließt überall, erblicke ihn.

20. August

Auch auf dem geistigen Weg zu Wahrheit und Sinn gibt es graduelle Unterschiede des Lichts: Suche nach der Tagessonne, so schön Mond und Sterne sein können.

21. August

Die Engel stehen mit Geschenken vor dir. Sei es dir wert, sie anzunehmen!

22. August

Alles im Leben unterliegt einer Verwandlung, schaue dabei immer nach vorne.

23. August

Suche nach deinen schönsten Seiten, nach deinen eigenen besten Fähigkeiten, und bringe sie in deinem Alltagsleben in die Wirklichkeit.

24. August

Nutze dieses Leben dazu, glücklich zu sein. So nutzt du es richtig.

25. August

Wenn du bereit bist, aufgerichtet ins Licht zu schauen, wirst du immer Lösungen finden.

26. August

Du kannst deine höchsten Ideale auch dann anstreben, wenn deine Umwelt dich nicht versteht oder unterstützt.

27. August

Jeder Mensch sucht nach Glück – jeder ein anderes und jeder auf seine eigene Weise. Erkenne, dass dein höchstes Glück nur in dir selbst zu finden ist.

28. August

Du verfügst über eine anmutige schöpferische Phantasie, die du kreativ nutzen solltest.

29. August

Nimm dir immer wieder Rückzugsmöglichkeiten vor, und alles wird heilsam verlaufen.

30. August

Du hast das Geschick, dass die Umstände des Lebens dir eine Entwicklung erlauben, in der andere einen Teil deiner Verantwortung tragen. Sei dankbar dafür!

31. August

Hinter dem Unerwarteten liegt die Wahrheit.

September

Entwicklungsthemen sind
Vergebung, Ordnung, Schönheit

Lausche auf die Botschaft der Engel, die vom Göttlichen künden. Die rationale Analyse ist oft ein wunderbares Talent; die Einsicht des Herzens und der Einblick der Seele sind aber häufig eine noch größere Gabe.

Vergebung: Vergeben und vergessen, anderen Menschen und auch sich selbst die Chance zum Neubeginn einzuräumen, wird dich auf deinem Lebensweg wesentlich voranbringen.

Ordnung: Du hast die Gabe, äußere und innere Ordnung zu erlangen. Lass dir dabei genügend Freiraum für spontanes Leben. Lass Ordnung deinen Diener sein, nicht deinen Herrn. Nutze Ordnungsprinzipien, um das Leben einfacher, schöner und fröhlicher, nicht aber, um es beschwerlicher zu machen.

Schönheit: Gönne dir die Freude am Schönen, an der Leichtigkeit des Seins, um das Potenzial der Partnerschaft aufblühen zu lassen.

Engelübung: Vertrauen und Ordnung

Entwickle jetzt Vertrauen in das Leben und seinen Verlauf. Behindere nicht durch zu viel kritisches Denken den freien Fluss des Fühlens. Auch diesem liegt eine Ordnung zugrunde.

1. Setz dich bequem und entspannt hin und atme tief.
2. Sieh, die Engel sind um dich herum und wehen mit den Fächern für dich. Sie laden dich ein zur Erholung.
3. Lasse dich auf das Gefühl des Vertrauens und Loslassens ein. Analysieren wirst du schon früh genug. Genieße das Vertrauen.
4. Sieh, dein Leben ist völlig in Ordnung, alles hat seinen Sinn, und alles fügt sich in die richtigen Bahnen. Vertraue und lass los.
5. Sieh, wie du in deinem Inneren alles richtig machst, und trage diesen inneren Schatz auch nach außen.
6. Stell dir einen Lichtkreis voller Blüten um dich herum vor und erwache langsam im Gefühl der Schönheit und des Vertrauens.

1. September

Dein Weg geht immer voran, erfreue dich an der Entfaltung.

2. September

Erfahre, dass du dein Bewusstsein nach außen in die Welt und nach innen in die höheren Welten richten kannst; meditiere.

3. September

Deine Seele wird schwingen, wenn du auch nur in die Gegenwart der erwachten, von Licht erfüllten Seele eines Heiligen kommst.

4. September

Du weißt, worauf es dir ankommt, und gehst aktiv darauf zu; sorge dafür, dass deine Wahl auch spirituell motiviert ist.

5. September

Es ist Zeit, sich zurückzunehmen, bevor neue Pläne kommen können.

6. September

Achte, was die Vergangenheit und die Erfahrungen unserer Vorfahren uns lehren, und bleibe offen für das, was du jetzt lernen sollst.

7. September

Du sollst über die Wertschätzung feinster materieller Werte ein Gespür für höhere geistige Ideale entwickeln.

8. September

Stell dich auf die Einheit allen Lebens ein und wirke aus diesem Bewusstsein heraus, wenn du denkst, fühlst, sprichst oder handelst.

9. September

Du empfindest eine innere Bereitschaft zu helfen. Der aktive Dienst am Nächsten und die stille Meditation sind zwei bewährte Wege.

10. September

Du fühlst dich zum Wissen über das Jenseits hingezogen und spürst, dass es noch mehr im Leben gibt; geh dem nach.

11. September

Du kannst Ermutigung auf deinem Weg zur Erfüllung finden, wenn du dich in der richtigen Gesellschaft aufhältst.

12. September

Auch wenn du noch nicht alle Mittel zur Verfügung zu haben glaubst – materielle und spirituelle –, solltest du dich auf die Suche nach dem Sinn und Ziel des Lebens machen.

13. September

Du vermagst dich auf den Fluss des Lebens einzulassen, die jeweiligen Herausforderungen anzunehmen und deinen Part zu spielen.

14. September

Echte Werte vergehen nicht mit der Zeit. Suche nach dem Schatz, der in allen Kulturen und Religionen die höchste Achtung genießt.

15. September

Du hast Vertrauen in deine Fähigkeiten und den Mut, Neues zu unternehmen. Wende diese Qualitäten auch auf dem Weg zur Innenschau an.

16. September

Du kannst dich auf die frische, direkte Art einlassen, mit der Kinder das Leben sehen. Erhalte dir das!

17. September

Du besitzt die Gabe, Projekte bis zum guten Ende und zur allgemeinen Anerkennung durchzuführen. Nutze dieses Talent!

18. September

Auch im Alltag wirst du Impulse und Hilfen für deine höchsten Ideale finden, wenn du beginnst, dich dafür mit schlichtem Herzen zu öffnen.

19. September

Du brauchst nicht zu kämpfen, denn dein Weg ist frei.

20. September

In herausfordernden Augenblicken wächst du über dich hinaus und kannst kraft deiner Persönlichkeit andere führen.

21. September

Wenn du dich deinem Lebensziel beständig und aufmerksam, energisch und liebevoll widmest, hast du Erfolg.

22. September

Alles, was deinen geistigen Horizont erweitert, sollst du dankbar und eifrig annehmen und verfolgen.

23. September

Du erwachst mit Sehnsucht nach dem inneren Licht und kannst erfahren, dass es in dir ist!

24. September

Du erlangst Inspiration durch harmonische Kunst und wirst so daran erinnert, dass du in deinem Leben schöpferische Kräfte selbst bewusst einsetzen sollst.

25. September

Wenn du das Körperbewusstsein übersteigst und in die lichte geistige Welt siehst oder eintrittst und dann noch höher kommst, sehen die Welt und dein Leben völlig anders aus.

26. September

Man kann von jedem etwas lernen, denn jeder erstrahlt im göttlichen Segen.

27. September

Erwirb Wissen und überprüfe es selbst; höre Worte der Weisheit und verwirkliche sie selbst; erlange die Verbindung mit dem inneren Licht und steige mit ihm empor.

28. September

Wenn du etwas wirklich möchtest, wenn du aufrichtig um etwas Wesentliches betest, wird es zu dir kommen.

29. September

Du sollst lernen, das Gleichgewicht zu bewahren und dich durch Dienen zu wandeln.

30. September

Das innere Licht, das du in der Meditation erfahren kannst, wirkt in deinem Alltag.

Oktober

Entwicklungsthemen sind
Rechter Wille, Fülle, Ausdauer

Sei dankbar für all die Gaben deines Lebens. Ein harmonischer Ausgleich bedeutet nicht Entscheidungsschwäche oder Bequemlichkeit, sondern aktive Teilhabe am Leben und demütige Dankbarkeit für alles, was Gott uns schenkt.

Rechter Wille: Entdecke, welche Kraft dein Wille besitzt, wenn du ihn richtig ausrichtest und bewusst einsetzt.

Fülle: Du spürst die innere Fülle und brauchst manchmal nur einen kleinen Anstoß, um dich darauf wirklich einzulassen. Entdecke dein wunderbares inneres Potenzial und beginne, mit jedem Gedanken, jedem Gefühl, jedem Wort und jeder Handlung deinem vollkommenen Glück bewusst einen Schritt näher zu kommen. Gottes Segen ist immer bei dir!

Ausdauer: Damit deine Partnerschaft lebt und dauert, wird es dir helfen, dich geduldig in sie einzuleben und zu vertrauen.

Engelübung: Ausgleich im Licht

Pflichten sollen und dürfen den Freiraum des Menschen und seiner Seele nicht einengen. Diese Übung schafft einen lichtvollen Ausgleich.

1. Setz dich bequem hin und atme in deinen entspannten Bauch.

2. Sorge für Ausgleich mit dem warmen Gefühl in deiner Brust: »Ich gleiche aus.«

3. Spüre, was für eine gute, weiche und warme Seele du bist. Lerne, jetzt den Engeln bestimmte Dinge zu übergeben, für die du keine Entscheidungsmacht hast.

4. Sieh, wie die Engel die Aufgaben bei den Menschen abwägen und ausgleichen. Alles zu seiner Zeit!

5. Und du sorge für Balance, ruhe und atme.

6. Sieh, wie sich dein Körper von unten nach oben mit klarem, weißem, ausgleichendem Licht erfüllt.

7. Dann erwache stabil und ausgeruht.

1. Oktober

Folge deinem inneren Ruf, bewahre die Aufmerksamkeit.

2. Oktober

Du wirst auch auf schweren Wegen sicher geleitet und beschützt.

3. Oktober

Genieße die Begeisterung für deine Ideen. Du bist reif dazu.

4. Oktober

Suche nach der Perle, die in der Tiefe der Seele unter den bewegten Wassern des Gemüts liegt. Finde das Juwel des ewigen Lebens, die heilige Kraft.

5. Oktober

Du bist schnell von diesem und jenem angezogen. Du solltest wach werden für das, was dich deinem Lebensziel wahrhaft näher bringt.

6. Oktober

Wenn du rechtzeitig die Bäume tätiger Liebe und lichtvoller Lebensführung gepflanzt hast, kannst du in Ruhe das Reifen der Früchte abwarten.

7. Oktober

Du sollst lernen, wie du völlig neue Elemente, Einflüsse und Faktoren in deiner bisherigen Lebensführung sinnvoll einbauen kannst.

8. Oktober

Du weißt, dass du an dir und deinem Seelenhaus auch dann arbeiten musst, wenn es einmal Rückschläge gibt. Die Engel stehen dir bei.

9. Oktober

Du kannst gelassen am Leben teilnehmen, ohne dich aus deiner Mitte zerren zu lassen, wenn du selbst dein jeweils Bestes tust.

10. Oktober

Du sollst erkennen, dass es ein Gesetz von Ursache und Wirkung gibt, das ewige «Was du säst, das wirst du ernten». Verhalte dich entsprechend.

11. Oktober

Du fühlst mit, wenn es Ungerechtigkeiten in der Welt gibt, und möchtest am liebsten sofort etwas dagegen unternehmen. Geh weise dabei vor!

12. Oktober

Du hast Interesse, dich geistig zu bilden, und bist dafür bereit, in Kauf zu nehmen, dass du dich zeitweise zurückziehst. So baust du an deinem ewigen Haus.

13. Oktober

Das Leben ist voller Liebe; begegne ihm mutig.

14. Oktober

Lebhaftes Begreifen der Bedürfnisse des Herzens führt dich dazu, nach dem zu suchen, was allen Geschöpfen gemeinsam ist: Friede.

15. Oktober

Du kannst in dir selbst jeden Tag aufs Neue die Kraft und Freude finden, dein Leben kreativ zu gestalten.

16. Oktober

Das Wissen ist überall, erlebe es aus deiner Ruhe heraus.

17. Oktober

Wenn alle Form vergeht, wenn alles sich immer wieder wandelt, werden sich dann nicht auch dein Körper und dein Leben wandeln müssen? Suche das, was ewig ist!

18. Oktober

Dein Leben sollte materielle und spirituelle Ziele verfolgen, es sollte körperliche und geistige Werte verwirklichen. Innenschau schließt weltlichen Erfolg nicht aus!

19. Oktober

Wenn du dich über die übliche Sicht des Lebens durch die Gefühle und Gedanken erhebst, erkennst du das Wahre.

20. Oktober

Wer sich seinem Schicksal ganz öffnet, erhält auch spürbare Führung und Schutz von seinen Engeln. Öffne dich dafür!

21. Oktober

Folge dem Ruf, die Beschränkungen deines Lebens zu überwinden und neues Wissen und neue Weisheit zu erwerben, die dich befreien können.

22. Oktober

Jeder Mensch gebraucht nur einen sehr kleinen Teil seines Potenzials; entdecke deine wundervollen spirituellen Möglichkeiten, indem du die Engel in dein Leben bittest.

23. Oktober

Du bist bereit, dein Leben als Ganzheit zu sehen und von anderen Menschen mehr zu lernen; suche nach geistiger Führung.

24. Oktober

Du nimmst die weisen Erkenntnisse der Vergangenheit wahr und erfreust dich daran. Erkenne, dass ewige Wahrheiten nie vergehen.

25. Oktober

Du wirst aus unvorhersehbaren Quellen immer wieder wichtige Nachrichten über deine Entwicklungsmöglichkeiten erhalten.

26. Oktober

Du sollst in diesem Leben erfahren, wie Zusammenarbeit unter Menschen für ein hohes gemeinsames Ziel zur allseitigen Erfüllung führt.

27. Oktober

Du wirst aufgefordert, dein eigenes inneres Licht leuchten zu lassen und dich aktiv an der geistigen Gestaltung der Welt zu beteiligen.

28. Oktober

Du kannst in dir einen Fels des Vertrauens und der Sicherheit finden, der dich immer trägt.

29. Oktober

Du spürst in dir eine innere Bereitschaft, als ob es dich zu neuen Ufern und höheren Lebenszielen zieht, und bist dir noch nicht ganz schlüssig, ob und wann du damit Ernst machen sollst. Warte nicht zu lange!

30. Oktober

Wenn du die Chance hast, wahre Werte zu erlangen, zögere nicht, auch wenn deine Bequemlichkeit etwas anderes meint.

31. Oktober

Du weißt, dass es auch deine Bestimmung ist, ins Licht zu gehen, und hast noch Unbehagen vor diesem Neuen; mit Hilfe der Engel schaffst du es.

November

Entwicklungsthemen sind
Sanftmut, Wiedergeburt, Weisheit

Gib der Freundschaft unter den Menschen eine Chance und lächle. Es kommt darauf an, dass du dir das wünschst, was dir wirklich dient – weil auch unbedachte Wünsche in Erfüllung gehen.

Sanftmut: Bevor du dich leidenschaftlich engagierst, und sei es für das Beste, höre auf die Botschaft des Engels der Sanftmut.

Wiedergeburt: Tief im Innersten weißt du, dass deine Seele unsterblich ist. Such weiter nach deiner wahren, ewigen Heimat. Lebe das Licht hier und heute.

Weisheit: Dauerhafte Liebe findest du, wenn du wahrnimmst, wie und wem du deine Liebe schenkst, und dich dabei nicht blenden lässt.

Engelübung: Erlaube dir zu träumen

Nimm das Leben leichter, nicht so schwer und ernst. Nimm deine Wünsche wahr und blicke in deine nähere Zukunft, um herauszufinden, inwiefern deine Wünsche deinem inneren Impuls wirklich entsprechen.

1. Setz dich bequem hin, atme tief und lächle im Herzen.
2. Sieh im Geiste, wie sich vor dir energetisch lauter rote Herzchen mit rosafarbigen Blüten zeigen.
3. Versetz dich in eine Traumwelt der Leichtigkeit und atme den Satz: »Ich wünsche …«
4. Was bringt dir dein Herz entgegen? Wünscht dein Inneres »Frieden« oder etwas anderes? Verbinde dich mit deinem lichtvollen Wunsch.
5. Sieh, wie sich dein Herz wie ein lichtvolles Fenster nach innen zu dir öffnet. Beobachte die Fülle der Farben und Symbole darin und genieße deinen inneren Reichtum.
6. Erkenne, wie erfüllt du bist. Um dich herum entsteht eine lichte runde Wolke.
7. Atme deinen Wunsch und komm in dieser Erfüllung zurück ins Hier und Jetzt.

1. November

Du wirst vom Licht durchflutet. Öffne dich dafür.

2. November

Der Mensch ist eine Ganzheit. Zum erfüllten Leben gehört auch deine gute Gesundheit, für die du aktiv etwas tun kannst.

3. November

Betrachte nicht die Beschränkungen, sondern nur die Lösungen. Schau in die Fülle der Möglichkeiten.

4. November

Die Weisheit liegt im Kleinen und im Großen, sei bereit, sie zu entdecken.

5. November

Du hast den Ehrgeiz, dass deine Leistungen öffentliche Anerkennung finden. Freue dich, wenn es geschieht, gräme dich aber nicht, wenn es ausbleibt.

6. November

Wir haben die Sprache der Menschen gelernt. Erlernen wir nun auch die Sprache der Engel. Sie sprechen von Herz zu Herz, von Licht zu Licht.

7. November

Du bist bereit, dich mit anderen Menschen zu verbinden und dich mitzuteilen. Dabei sollte es um gemeinsame hohe menschliche Ziele gehen.

8. November

Die fünf Sinne verbinden dich mit der Außenwelt; die Wahrnehmungskraft der Seele verbindet dich mit den Innenwelten.

9. November

Du fühlst, dass dieses Leben die Zeit deiner Blüte sein kann, dass du dich in diesem Leben für wahre Freude und immerwährende Schönheit öffnen kannst.

10. November

Du hast Vertrauen in deine schöpferischen Fähigkeiten, sowohl in die irdischen als auch in die geistigen. Wende sie an!

11. November

Wenn du Höhen und Tiefen des Lebens durchmessen hast, wird in dir das Licht eines inneren Reichtums erstrahlen und deine Seele wärmen und verklären.

12. November

Es gibt immer Mittel und Wege, wie uns die Engel zu Gott führen – wenn wir selbst nur wollen und sie dann auch lassen.

13. November

Das Weibliche in uns weist uns den Weg zum Licht – es ist der Weg der Einfühlung, der Hingabe und der Bereitschaft, Heiliges in Dankbarkeit aufzunehmen.

14. November

Du hast einen starken Gerechtigkeitssinn, der dich vorwärtstreibt; die höchste beurteilende Kraft ist jedoch Gott.

15. November

Jeder Mensch hat die Chance, sich in diesem Leben zu wandeln und sein höchstes Potenzial zu erreichen – wenn er es nur möchte und sich aktiv dafür einsetzt.

16. November

Neben Innenschau und Gebet brauchen wir immer wieder auch die Inspiration durch das liebevolle eigene Handeln im Alltag.

17. November

Spirituelles Bewusstsein in Verbindung mit gesundem Menschenverstand ermöglicht das Paradies auf Erden.

18. November

Dein Lehrer ist in dir: deine Seele, deine Engel, deine ursprüngliche göttliche Kraft.

19. November

Das Leben hat viele lehrende Abschnitte. Das Lernen geht niemals aus.

20. November

Die erwachte Seele, die auf Wanderschaft durch diese Welt ist, weiß, dass ihr hier nichts gehört und dass nichts Irdisches von Bestand ist.

21. November

Leb deine Wünsche ruhig aus, aber ohne jene höheren Ziele und Aufgaben aus den Augen zu verlieren, die dich wirklich glücklich machen werden.

22. November

Freu dich auf überraschende Ereignisse, sie bringen viel Freiheit.

23. November

Lass dich fröhlichen Herzens auf die Herausforderungen und Wechselfälle des Lebens ein – tief in dir fließt ein Strom von Vitalität und Stärke.

24. November

Du hast gelernt, deinem eigenen Urteil zu trauen und deine Intelligenz einzusetzen; setze jedoch die Weisheit bei der Frage nach dem Sinn des Lebens ein.

25. November

Mitgefühl und Güte werden dir weiter helfen als analytische Schärfe und gebildete Logik; öffne dich für diese Art von Liebe.

26. November

Du kannst das Drama des Lebens gelassen »von oben« beobachten und vorüberziehen lassen, wenn du innen verankert und gut geerdet bist.

27. November

Es darf dir ruhig Freude machen, wenn du deine Fertigkeiten erfolgreich zum Wohle aller Beteiligten anwendest.

28. November

Es gibt für jeden Menschen »genug« Glück – wenn wir nur bereit sind, uns dafür zu öffnen bzw. es an der richtigen Stelle zu suchen.

29. November

Es ist dir bestimmt, zu deinem wahren Sein von Licht, Energie und Erfüllung zu finden. Du kannst über lichte Innenschau dorthin gelangen.

30. November

Die Entwicklung deines Seelenbewusstseins erfolgt Schritt für Schritt. Es geht immer einen weiteren Schritt voran, und es gibt immer einen Weg.

Dezember

Entwicklungsthemen sind
Klarheit, Spiritualität, Toleranz

Öffne deinen Geist und lass dich auf universelle Liebe ein. Beginne, mit den Augen der Seele zu sehen.

Klarheit: Du hast die Gabe, immer wieder eine deutliche Vision vom Ziel und Weg deines Lebens zu sehen.

Spiritualität: Deine Lebensaufgabe besteht zuallererst darin, den Sinn des Lebens zu entdecken. Bete oder meditiere. Spiritualität bedeutet nicht, dem Leben zu entsagen und Eremit oder Asket zu werden. »Ein Heiliger, der nicht lachen kann, ist ein Trauriger.« Suche nach lebenden Vorbildern, nach Lehrern, die dir praktisch helfen.

Toleranz: Übe Nachsicht gegenüber deinen Mitmenschen – und fordere von ihnen und von dir selbst nicht zu viel.

Engelübung: Wunder des Lichts

Sei offen für das »Unmögliche«, für »Wunder«, auch in deinem persönlichen Leben. Öffne dich für einen neuen Blick, werde transparent.

1. Setz dich bequem hin, komm zur Ruhe und atme vertrauensvoll.

2. Spüre im Herzen den Satz: »Ich sehe …«

3. Was siehst du? Ist die Welt in deinem Herzensblick schwarz? Oder erlaubst du ihr eine Farbe? Welche Farbe ist erlaubt? Blau oder ein andere?

4. Was siehst du hinter dieser Farbe? Siehst du immer nur Hindernisse und Mauern? Oder erlaubst du dem Bild, sich zu öffnen, und siehst du nun eine Landschaft oder etwas anderes?

5. Was sagt dieses Bild über dein Leben aus? Was strahlt es aus? Frieden, Reinheit oder etwas anderes?

6. Akzeptiere diese Einsicht. Du hast deinen Horizont erweitert.

7. Spüre die Liebe in deinem Herzen zu dir kommen.

8. Komm dann zurück ins Hier und Jetzt.

1. Dezember

Das materielle Glück ist nur ein Aspekt von »Glück«, ein kleiner. Die wichtigere Seite von »Glück« ist Liebe, Freude und Aufgehen in Gott.

2. Dezember

Urtümliche, »archetypische« Bilder bestimmen unsere Einstellung zum Leben. Entdecke die, die dir ganz persönlich helfen, Erleuchtung zu finden.

3. Dezember

Großes Leid und unvorstellbares Glück liegen manchmal dicht beieinander. Bevor du dein altes Wesen nicht aufgibst, kann sich deine Seele nicht in die Weiten des Himmels erheben.

4. Dezember

Du hörst den ewigen Ruf nach Erfüllung durch wahre Liebe und wirst jetzt vom Herzen her bereit, auf diesen Ruf zu hören.

5. Dezember

Du ahnst, dass du schon mehr als einmal auf dieser Welt warst, und suchst in der Vergangenheit nach Hinweisen für Gegenwart und Zukunft. Schau nach vorn.

6. Dezember

Wenn du dich gemeinsam mit Gleichgesinnten auf einen geistigen Weg begibst, hast du für den Anfang erst einmal mehr Auftrieb und Ausdauer.

7. Dezember

Du bist beschützt und genießt, dass du deiner Lebensfreude Ausdruck verleihst.

8. Dezember

Du merkst, dass du dich bald innerlich neu orientieren und nach einem lohnenden Ziel des Lebens suchen wirst, auch wenn du jetzt noch nicht weißt, was das sein könnte.

9. Dezember

Jede Aufgabe hat ihre eigene Zeit – nicht jede Zeit ist für alles geeignet; sorge dafür, dass du deinen Lebenssinn zur rechten Zeit anstrebst.

10. Dezember

Phantasie und Spielfreude können dich ein gutes Stück voranbringen.

11. Dezember

Wenn die Seele in ihre Heimat zurückkehrt, ist das der wahre Tag der Geburt!

12. Dezember

Wenn du bereit bist, auf jeden Tag ganz neu und frisch zuzugehen, dann wirst du jeden Tag in deinem Leben wunderbare Chancen finden.

13. Dezember

Glück und Segen auf all deinen Wegen, Schutz und unerwartete Hilfe; sei und bleibe aufrichtig.

14. Dezember

Du kannst eine wahre Realität der Liebe und des Friedens erkennen, wenn du begrenzte Ich-Ziele und alte Verhaltensmuster loslässt.

15. Dezember

Das Wissen ist eine gute Stütze, der Weitblick ist die Kraft eines wahren Gelehrten.

16. Dezember

Lass dich von den Weisen berühren und stell deine Fähigkeiten in den Dienst einer höheren, dauerhaften Sache.

17. Dezember

Die Verbindung zwischen der alten Weisheit und dem Leben von heute sind Menschen, in denen das Licht weiterlebt.

18. Dezember

Mit Liebe kannst du auch dann weiterkommen, wenn du glaubst, dass es dir an Talent oder Inspiration fehlt. Tausche dich aus, entwickle Nächstenliebe.

19. Dezember

Achte darauf, ob das, was geistige Lehren mitteilen, auch im Praktischen nachvollziehbar ist.

20. Dezember

Wenn du dich aus eigener Kraft nicht selbst entscheiden kannst, bitte um einen geistigen Beistand; dann fasse Mut und wage es, Entscheidungen zu treffen.

21. Dezember

Du spürst, dass du etwas für dich und deinen Lebenslauf tun sollst. Denke daran, ganzheitlich zu arbeiten – körperlich, emotional-mental und spirituell.

22. Dezember

Du sollst in diesem Leben lernen, deiner höchsten, innersten Wahrheit auch dann zu folgen, wenn andere dich nicht dabei unterstützen.

23. Dezember

Lass dich von den Sehnsüchten deiner Seele inspirieren, das scheinbar Unmögliche zu erreichen: Erfüllung, Gnade und Erleuchtung!

24. Dezember

Wenn Gott Seinen Segen gibt, ist alles wohlgetan; bitte um diese Gnade.

25. Dezember

Wahrheit und Schönheit findest du meist nicht an lauten Orten, sondern dort, wo sich bewusste Menschen versammeln.

26. Dezember

Das Unmögliche wird möglich, wenn du in Ruhe schaust.

27. Dezember

Um die Geheimnisse des Lebens aufzunehmen, bedarf es Aufmerksamkeit. Gebet und Meditationen helfen dabei, wie auch gute Gespräche und Begegnungen von Herz zu Herz.

28. Dezember

Gib deiner Seele Raum, frei zu sein – dann wirst du zu einer ganzheitlich integrierten, glücklichen Persönlichkeit.

29. Dezember

Die Engel sind alle Tage bei uns, auch wenn wir sie nicht bemerken. Spüre ihre sanften Schwingungen, die ein ganzes Leben lang in dir wirken.

30. Dezember

Durch Sanftmut und Liebe erreichst du die Herzen anderer Menschen – das wird nicht nur sie berühren, sondern auch dich erfüllen.

31. Dezember

Wenn deine Seele auf Gott gerichtet ist und nicht an der Welt festhält, ist sie leichter als eine Feder, und du gehst ein ins Licht.

Engelübung zum Ende eines Jahres

Vielleicht möchten Sie am Ende des Jahres, an Silvester, eine besondere Übung durchführen, die ganz anders ist als die erste Übung zum Beginn eines neuen Jahres. Dazu biete ich Ihnen die folgende Übung an:

1. Setz dich bequem hin und atme tief und voller Vertrauen.
2. Spüre in deiner Brust die Frage: »Was will ich erkennen und nutzen?«
3. Sieh, wie deine Aura von einem roséfarbenen Licht erfüllt wird, und lass dich vom Fluss der Liebe leiten.
4. Beobachte in deiner Brust eine roséfarbene Kugel. Welches Bild erkennst du darin? Siehst du eine friedvolle Berührung? Ein friedvolles Handeln? Nimm das in dein Herz hinein.
5. Spüre diese Qualität als Impuls für eine freudvolle innere und äußere Haltung und erfreu dich daran.
6. Sieh dich nun in einer ruhigen blauen Lichtkugel und komme in dieser wundervollen Schwingung zu dir und nutze sie.

4
Licht, das Segen bringt

Gedanken und Wünsche zum guten Schluss

Jeder Mensch befindet sich auf seinem besonderen Lebenspfad. Erlauben wir dem Licht in uns, uns zu begleiten und zu führen und göttlichen Segen über uns zu wirken, dann leben wir im Einklang mit unserem Lebenssinn.

Mit täglicher innerer Stille, Gebet oder Meditation und einer Engelbotschaft am Morgen entwickeln wir die Kraft des wahren Schöpfens und lebendigen Handelns immer weiter. Jeder hat diese Kraft und nutzt sie ja mehr oder weniger bewusst auch bereits. Also wachsen wir nun bewusst daran, indem wir den Lauf des Lebens aufmerksam erleben.

Ich freue mich, mit diesem Buch den Engeln und vielen Menschen eine Möglichkeit gegeben zu haben, Hand in Hand miteinander zu gehen. Und ich danke den Kristallengeln für ihre universelle, allgegenwärtige und zeitunabhängige Führung und Unterstützung sowie allen Menschen, die mir die Erfüllung meiner Aufgaben besser möglich machen.

Die Autorin

Jana Haas wurde in Kasachstan / Russland geboren. Von Kindheit an hat sie die Gabe der Hellsichtigkeit. Sie besitzt die Fähigkeit, die Dimensionen und Welten, die jenseits der Materie bestehen und für die meisten Menschen nicht sichtbar sind, genauso deutlich zu sehen wie die materielle Welt.

Neben Vorträgen, Engelbotschaften, Tageskursen und Seminaren bietet sie auch intensive Schulungen und Ausbildungen an. Ihre Bücher stützen sich auf diese praktischen Erfahrungen.

Zeitweise arbeitet Jana Haas beratend zur Erforschung von möglichen geistigen Hintergründen auch in der Praxis »Naturmedizin Bodensee« der Heilpraktiker Werner und Viola Wider in Überlingen am Bodensee mit. Mehr unter: www.naturmedizin-bodensee.de.

Kontakt:
cosmogetic-institut, Hubenmühle 4, D-88634 Herdwangen-Schönach, Tel. +49 (0)7552-938399, Fax +49 (0)7552-938626
E-Mail: anna@jana-haas.de
Webseite: www.jana-haas.de

Der Koautor

Wulfing von Rohr ist Autor in den Bereichen Spiritualität, Psychologie und Lebenshilfe. Er ist Koautor von Büchern über Persönlichkeitsentwicklung, Naturheilkunde und Spiritualität (mit Chris Griscom, Ingrid S. Kraaz u. a.); Herausgeber (u. a. Edward Bach) und Übersetzer (u. a. Deepak Chopra, Chuck Spezzano). Er ist Chefredakteur des *ENGELmagazins* und Moderator von Engeltagen.

Kontakt:
Grödiger Straße 38, A-5081 Anif bei Salzburg
E-Mail: wulfing@aon.at

Jana Haas

Heilung mit der Kraft der Engel

Das Praxisbuch zum energetischen Heilen
von Körper und Seele

Wie jeder Mensch mit Unterstützung der Engel seine Gesundheit fördern und nachhaltig verbessern kann, zeigt das bekannte Engelmedium Jana Haas in diesem Grundlagenwerk zur (Selbst-) Heilung.

Erzengel und das neue Zeitalter

Ihre Kraft für persönliche Entwicklung,
Beziehungen und Gesundheit nutzen

Jana Haas gibt Einblicke in das vielseitige Wirken der Himmelsmächte und zeigt, wie wir die Kraft der Engel sowohl für persönliche Beziehungen als auch für berufliche Tätigkeifen und spirituelle Entwicklung nutzen können.

Schutzengel-Kalender 2010

Ein wunderschön gestalteter Jahresplaner mit himmlischen Unterstützungen, Anregungen, Gebeten und Übungen für jeden Tag des Jahres. Mit der positiven Kraft der Engel finden Sie Inspiration, Ruhe und inneren Frieden.
Mit Lesebändchen, Raum für Termine, Notizen und Jahresübersicht.

Knaur
MensSana